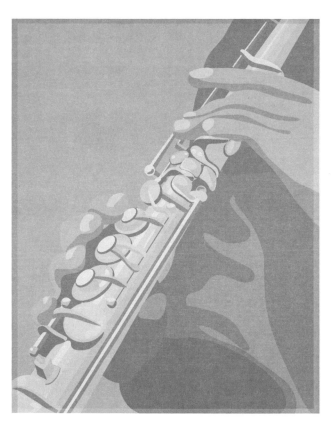

サックス 4人でスウィング！

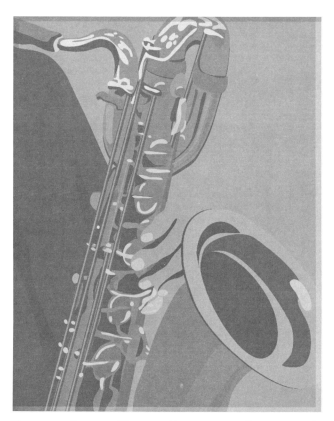

Let's Swing for Saxophone Quartet

鈴木直樹・武田和大 編曲

CONTENTS

03 Moonlight Serenade
グレン・ミラー 作曲／鈴木直樹 編曲

18 In The Mood
ジョー・ガーランド 作曲／鈴木直樹 編曲

39 Tea For Two
ヴィンセント・ユーマンス 作曲／武田和大 編曲

58 Lover Come Back To Me
シグマンド・ロンバーグ 作曲／武田和大 編曲

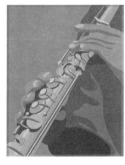

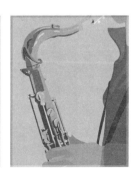

Moonlight Serenade

グレン・ミラー 作曲／鈴木直樹 編曲

グレン・ミラー・オーケストラのテーマ曲でもある、スウィートでメロウなスウィング期のジャズを代表するスタンダード・ナンバー。作曲はもちろんグレン・ミラーで、作編曲の練習用に作られたもので当初は別のタイトルだったそう。その後、ミシェル・パリッシュにより歌詞がつけられ改題、1939年にグレン・ミラー・オーケストラの演奏で大ヒットとなった。数多のカヴァーが存在し、ジャズ以外にもカーリー・サイモンやバリー・マニロウといったポップス系からナラ・レオン、小野リサといったラテン系まで、幅広いジャンルのシンガーが愛唱曲としている。

One Point Advice

グレン・ミラー楽団のヒット作品。伝記映画の中で、とても印象的に使われている美しいバラードです。メロディが印象的なこの曲で、美しいヴィブラートをかける練習をしてみてはいかがでしょうか。

ソプラノは記譜上の三連符にとらわれ過ぎずに歌いましょう。オリジナルの演奏をぜひ参考にしてみてください。

アルト、テナーは、ソプラノにぴったり寄り添いハーモニーを感じながら演奏しましょう。バリトンは、ビッグバンドのブラス・セクション、ベースを意識して3声に対して低音からのオブリガードを楽しんでみてください。

ゆったりとしたテンポですので、全体に付点8分音符、16分音符が跳ねすぎないよう、またスウイング・ジャズの心地よいゆらぎを意識して演奏してください。

(鈴木直樹)

Moonlight Serenade

グレン・ミラー 作曲 / 鈴木直樹 編曲

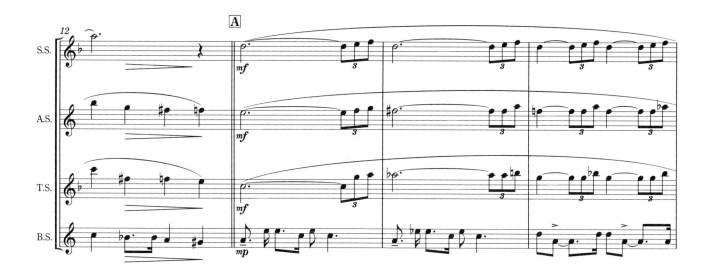

Moonlight Serenade - Score　05

Moonlight Serenade - Score

Moonlight Serenade - Score 07

Moonlight Serenade - Score

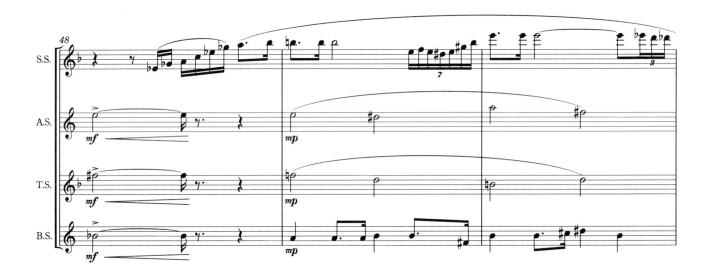

Moonlight Serenade - Score   09

Moonlight Serenade

Soprano

グレン・ミラー 作曲 / 鈴木直樹 編曲

Moonlight Serenade - Soprano Sax.

Moonlight Serenade

グレン・ミラー 作曲 / 鈴木直樹 編曲

Moonlight Serenade

グレン・ミラー 作曲 / 鈴木直樹 編曲

Moonlight Serenade - Tenor Sax. 15

Moonlight Serenade

グレン・ミラー 作曲 / 鈴木直樹 編曲

Moonlight Serenade - Baritone Sax.

In The Mood

ジョー・ガーランド 作曲／鈴木直樹 編曲

サックス奏者でもあるジョー・ガーランドの作曲による、スウィング・ジャズおよびビッグバンド・ジャズのシンボル的な一曲。元々はベニー・グッドマンの好敵手であるクラリネット奏者アーティ・ショウのもとに持ち込まれたが、採用されず日の目を見なかった。それを見つけて独自のアレンジを加え、1939年に大ヒットさせたのがグレン・ミラー・オーケストラ。華やかな曲調が人気を呼びレコードは200万枚を超える、当時としては破格のベストセラーを記録した。多くのカヴァーがあるなかで、後年そのアーティ・ショウやベニー・グッドマンも取り上げているのは面白い。

One Point Advice

ユニゾンでの印象的なイントロダクションが有名なグレン・ミラー楽団のヒット作品です。オリジナルのビッグバンドをベースにしたサックスアンサンブルです。メロディのアクセントが強調されることによるリズミックなサウンドが特長ですので、平坦にならないよう心がけて演奏してください。

またバリトンのベースラインは、他のパートを引っ張っていくつもりで吹いてみましょう。各々にあるアドリブ（ソロ）は、譜面通りでなくて構いませんが、皆で会話をするように演奏すると掛け合いが面白くなると思います。オリジナルを聴いて雰囲気をつかんでみてください。

テンポは少し速いですが、スウィングの奏法を意識して練習しましょう。音の跳ねすぎには注意してください！

（鈴木直樹）

In The Mood

IN THE MOOD
Words by Andy Razaf　Music by Joe Garland
© Copyright 1939 & 1960 by SHAPIRO, BERNSTEIN & Co., INC., New York, N.Y., U.S.A.
Rights for Japan controlled by Shinko Music Entertainment Co., Ltd. Tokyo
Authorized for sale in Japan only

ジョー・ガーランド 作曲 / 鈴木直樹 編曲

In The Mood - Score　19

In The Mood - Score

20 Let's Swing for Saxophone Quartet

In The Mood - Score   23

In The Mood - Score

24   Let's Swing for Saxophone Quartet

In The Mood - Score 25

In The Mood - Soprano Sax.

28   Let's Swing for Saxophone Quartet

In The Mood - Soprano Sax.

In The Mood - Alto Sax.

32 Let's Swing for Saxophone Quartet

In The Mood - Tenor Sax.

34   Let's Swing for Saxophone Quartet

In The Mood - Tenor Sax.

Tea For Two

ヴィンセント・ユーマンス 作曲／武田和大 編曲

1924年ヴィンセント・ユーマンスのミュージカル「No, No, Nanette」でマリオン・ハリスが唄い、インスト・ヴァージョンはベンソン・オーケストラが録音しいずれも大ヒットした。19世紀の英国ではお茶に誘い「Tea for two」と注文するのがプロポーズのサイン。愉しい結婚生活を夢見る内容の歌詞。スタンダード・チューンとして長く親しまれ、1950年映画化でのドリス・デイの歌唱、1958年トミー・ドーシー楽団の Cha Cha ヴァージョン、1958年「真夏の夜のジャズ」として映画記録されたニューポート・ジャズ・フェスティバルでのアニタ・オデイの歌唱、1928年ショスタコーヴィチによるカヴァーなどが有名。

———— サックス四重奏 4 つの心得 by Kazuhiro Takeda ————

ポピュラー系のサックス四重奏で大切なポイントを挙げてみましょう。

①テンポとリズムの維持
②明確な音価づくり（例：書かれていないのにスタッカートにしない）
③1音ずつデクレシェンドしない。音のオシリはスパっと切る
④フォーカスを明瞭に。その時の主人公以外は音圧を下げる

それらを念頭に、最初は半分以下のテンポでメトロノームに合わせて練習しましょう。そしてもっと大切なこと。それは出来上がりのイメージを持つことです。ポピュラー系のサックスアンサンブルの演奏はYouTubeなどで探せばたくさん聴けます。カッコイイ！と思ったものを何度も聴き、なぜそう感じたか、その秘密を探り当てましょう。きっとカッコイイ演奏に繋がりますよ。

One Point Advice

最初の2音ですべてが決まります。バリトンは4分音符の長さを真っ直ぐのばしてピタリと止めましょう。あとの3人はスタッカートを短くし過ぎないように注意。4分音符の1/3をテヌートしてピタリと止めましょう。デクレシェンドしたらスウィングしません。「ウラの8分」はどこの箇所も遅れないよう気を付けましょう。アメリカ音楽は、オモテからでなく「その直前のウラから喋り始めるもの」と思うとよいでしょう。
2コーラス目直前は、バリトン以外は冷静にテンポをキープ。すると、バリトンから「One -Two - OneTwo」と聞こえてきます。それが次の小節の新しいテンポです。4分の2拍子の小節にも実は歌詞がついています。「Cha Cha Cha !!」というラテンの世界でよく聞かれる掛け声です。スタッカートの有無を見落とさないことが大切です。短くしてしまうと特にカッコ悪い音にはテヌートを付けてあります。
3コーラス目はスウィング・フィールに戻ります。ユッタリしたメロディですが、レイドバックさせるとバンド全体が「重苦しいくせにせせこましく」なります。発音をツンノメルくらいですと、かえってノビノビと感じるゆとりが生まれます。バリトンは気にせずテンポとリズムをキープしましょう。そして最後の1小節。ここ「だけ」は少しリタルダンドしてもよいでしょう。アイコンタクトでタイミングを合わせ最終音に着地！

（武田和大）

Tea For Two

ヴィンセント・ユーマンス 作曲 / 武田和大 編曲

Tea For Two - Score

42 Let's Swing for Saxophone Quartet

Tea For Two - Score

44 Let's Swing for Saxophone Quartet

Tea For Two - Score

Tea For Two

ヴィンセント・ユーマンス 作曲 / 武田和大 編曲

Tea For Two - Soprano Sax.

48 Let's Swing for Saxophone Quartet

Tea For Two

ヴィンセント・ユーマンス 作曲 / 武田和大 編曲

Tea For Two - Alto Sax.

50 Let's Swing for Saxophone Quartet

Tea For Two

ヴィンセント・ユーマンス 作曲 / 武田和大 編曲

Tenor

Let's Swing for Saxophone Quartet

Tea For Two - Tenor Sax.

Tea For Two - Tenor Sax.

54 Let's Swing for Saxophone Quartet

Tea For Two

ヴィンセント・ユーマンス 作曲 / 武田和大 編曲

Tea For Two - Baritone Sax

Lover Come Back To Me

シグマンド・ロンバーグ 作曲／武田和大 編曲

シグマンド・ロンバーグが1928年にブロードウェイミュージカル「ニュー・ムーン」のために作曲、オスカー・ハマースタイン2世が詞を書いたデュエット歌曲。1930年と1940年の同名映画のなかでも使われている。1962年のシングルヒット以降は、大歌手バーブラ・ストライザンドの十八番としても有名になった。その他にもスタンダード・ナンバーとして多くの名演が残る楽曲。日本では邦題『恋人よ我に帰れ』でも知られ、また『ラバカン』と略して呼ばれることもあるほど広く親しまれている。

One Point Advice

デキシー風イントロで始まりますが、本格的ビッグバンド・ジャズっぽいサウンドを愉しめるようアレンジしました。モダンなハーモニーも使ったので、1曲で愉しめる時間旅行とも言えますね。

メロディ奏者がコロコロ変わります。誰が主人公なのか分析して音量コントロールをしてください。ジャズは基本的にはダンス音楽なので、テンポキープを頑張りましょう。

テヌートとスタッカートは是非ともその通りに演奏してください。そうすれば、ちゃんとジャズっぽくなります。8分音符が並ぶところは基本的に、「**ウラ＝強、オモテ＝弱**」です。引っ繰り返ると音頭っぽくなってしまいカッコ悪くなります。4分音符についても「**偶数拍＝強、奇数拍＝弱**」です。途中でテンポが半分になりますので、その前後でテンポが落ちないよう気を付けましょう。

運指の難しい箇所も多いでしょう。臨時記号を落とさぬよう気を付けながら、最初は半分以下のテンポでメトロノームに合わせて練習しましょう。そして、最後の1音。ソプラノは大きめに、他は小さくしましょう！

（武田和大）

Lover Come Back To Me

シグマンド・ロンバーグ 作曲 / 武田和大 編曲

Lover Come Back To Me - Score

Lover Come Back To Me - Score

Lover Come Back To Me - Score

62 Let's Swing for Saxophone Quartet

Lover Come Back To Me - Score   63

Lover Come Back To Me - Score

64 Let's Swing for Saxophone Quartet

Lover Come Back To Me - Score

Lover Come Back To Me - Score

66 Let's Swing for Saxophone Quartet

Lover Come Back To Me - Score   67

Lover Come Back To Me - Score

68 Let's Swing for Saxophone Quartet

Lover Come Back To Me

シグマンド・ロンバーグ 作曲 / 武田和大 編曲

Lover Come Back To Me - Soprano Sax.

70 Let's Swing for Saxophone Quartet

Lover Come Back To Me - Soprano Sax.

72 Let's Swing for Saxophone Quartet

Lover Come Back To Me - Soprano Sax.

Lover Come Back To Me

シグマンド・ロンバーグ 作曲 / 武田和大 編曲

Lover Come Back To Me - Alto Sax.

Lover Come Back To Me - Alto Sax.

76 Let's Swing for Saxophone Quartet

Lover Come Back To Me - Alto Sax.

Lover Come Back To Me - Alto Sax.

Lover Come Back To Me

シグマンド・ロンバーグ 作曲 / 武田和大 編曲

Lover Come Back To Me - Tenor Sax.

Lover Come Back To Me - Tenor Sax. 81

Lover Come Back To Me - Tenor Sax.

Lover Come Back To Me - Tenor Sax.

Lover Come Back To Me

Baritone

シグマンド・ロンバーグ 作曲 / 武田和大 編曲

Lover Come Back To Me - Baritone Sax.

Lover Come Back To Me - Baritone Sax.

Lover Come Back To Me - Baritone Sax.

Lover Come Back To Me - Baritone Sax.

Profile

鈴木直樹　Naoki SUZUKI

ソリストとしてスウィング・ジャズのスタイルを中心に国内外で活躍。オランダ、神戸、横浜、岡崎、新宿等のジャズ・フェスティヴァルにも多数参加。2015年から「新城（しんしろ）ジャズ」の音楽監督も務める。エディー・ヒギンズ、山下洋輔、北村英治、チャリート、ペギー葉山、菅原洋一、井上芳雄、各氏等々、国内外のアーティストとの共演も多い。またマルチ・プレイヤーとしても知られ、クラリネット＆ソプラノ、アルト、テナーサックスでスタジオ・ミュージシャンとしてジャンルを越えた多くの録音に参加している。
自身のBig Band「Swing Ace Orchestra」を率いて多くのステージを行ないプロデューサーとして活動する他、角田健一ビッグバンドには、アルトサックス＆クラリネット奏者として参加。また近年は、スウィング・ジャズでの活動に留まらず、バルトーク作品等クラシック・コンサートにも出演。ターキッシュ・クラリネットもツールに加え独自の世界観を作り出している。

武田和大　Kazuhiro TAKEDA

'90年ボストンでジョージラッセルorch.に参加。帰国後様々なジャンルの録音とライブに参加。近年代表的な編曲と演奏はm-flo, Jazztronikなどのアルバムで聴ける。B'z松本孝弘のグラミー受賞アルバムにも参加。最新作は福島県の子供達の未来を支える基金の為のレーベル「フクシマレコーズ」で続々と発表中。Act Against AIDS in 武道館に2001年から参加を続ける。サックス四重奏アレンジ譜（Foster musicより発売）も好評。東日本大震災後は「楽器forKids」代表として被災地の子供達にリサイクル楽器を手渡す旅を続けている。

Jazz Standards for Sax Quartet

Arranged and Performed by Saxophobia

緑川英徳 on Alto ｜ 竹内 直 on Tenor ｜ 岡 淳 on Tenor ｜ 井上"JUJU"博之 on Bariton

ジャズ・サックス・カルテットの楽しさを体験しよう！

一度は聴いたことがあるであろうジャズやポピュラーの有名曲を、日本を代表するジャズ・サックス・カルテット《サキソフォビア》がアレンジ！ CDを聴きながら楽譜をめくれば、サックス・カルテットの持つ響きや表現の可能性を感じることができます。アドリブも完全譜面化しているので、これまでジャズに踏み込めなかったクラシックの方や、普段は吹奏楽やビックバンドで演奏している方にもオススメ。リスニングCDとしても楽しめる音楽好き必携の1冊！

VOL.01

L-O-V-E／Watermelon Man／Besame Mucho／Someone to Watch Over Me／Summertime So Many Stars／TEQUILA／Just Squeeze Me／Aura Lee／Oh! My Country

全9曲＋ボーナストラック
A4判／136ページ
定価：2,800円＋税
ISBN978-4-87312-150-5

VOL.02

Caravan／Chattanooga choo choo／Close to you／They can't take that away from me／Dark Eyes／The Chicken／Over the Rainbow／Black Orpheus／Jingle Bells／Be my apple／Night Train

全11曲
A4判／160ページ
定価：2,800円＋税
ISBN978-4-87312-186-4

ALSO　問合せ先▶アルソ出版株式会社　通信販売部　URL http://www.alsoj.net ／ Tel 03-6908-1121

THE QUARTET
サックスの王道レパートリーを吹きこなせ！

newly-revised edition

サックスカルテットの王道レパートリーが楽しめる

クラシックからポップス、ジャズの定番曲までサックスの醍醐味を楽しめる曲集。

Introduction
サックスカルテットとは？
サックスカルテットの誕生と進化
演奏ポイント
プロの演奏を聴いてみよう

4A.Sax
モーツァルトの子守歌（Bernhard Flies）

3A.Sax／T.Sax
見上げてごらん夜の星を（いずみたく）

2A.Sax／T.Sax／B.Sax
愛の挨拶（Edward Elgar）
アヴェ・ヴェルム・コルプス（Wolfgang Amadeus Mozart）
クリスマス・イブ（山下達郎）

S.Sax／A.Sax／T.Sax／B.Sax
セプテンバー（Maurice White, Al McKay and Allee Willis）
私を泣かせてください（Georg Friedrich Händel）
グリーンスリーブス（Traditional）
旅立ちの日に（坂本浩美）
月の光（Claude Debussy）
タイム・トゥ・セイ・グッバイ（Francesco Sartori）
アルフィー（Burt Bacharach）
歌に生き、愛に生き（Giacomo Puccini）
スターダスト（Hoagy Carmichel）
スペイン（Joaquín Rodrigo Vidre, Chick Corea）
A列車で行こう（Billy Strayhorn）

S.Sax／2A.Sax／T.Sax／B.Sax
アヴェ・マリア（Giulio Caccini）
美女と野獣（Alan Menken）

THE QUARTET
サックスの王道レパートリーを吹きこなせ！
定価：2,400円＋税
ISBN978-4-87312-233-5
スコア譜64ページ、パート譜96ページ

ALSO Publishing co.,ltd.　問合せ先▶アルソ出版株式会社　通信販売部　URL http://www.alsoj.net　Tel 03-6908-1121

サックス　4人で Swing !

発行日：2016 年 12 月 30 日　初版

発　　行：アルソ出版株式会社
〒 161-0033　東京都新宿区下落合 3-16-10-3F
Tel.03-5982-5420　Fax.03-5982-5458

編曲：鈴木直樹、武田和大

楽譜浄書、DTP 制作：株式会社 MCS

日本音楽著作権協会（出）許諾第 1615209-601 号　　無断転載、複製、複写厳禁　Printed in Japan
乱丁、落丁はお取りかえいたします。

ISBN978-4-87312-406-3　C0073　¥2400E